Bibliografische Information der Deutschen Nationalbibliothek:

Die Deutsche Bibliothek verzeichnet diese Publikation in der Deutschen National-bibliografie; detaillierte bibliografische Daten sind im Internet über http://dnb.d-nb.de/ abrufbar.

Impressum:

Copyright © 2017 GRIN Verlag, Open Publishing GmbH
Druck und Bindung: Books on Demand GmbH, Norderstedt Germany
ISBN: 9783668503656

Dieses Buch bei GRIN:

http://www.grin.com/de/e-book/372963/kundenerwartung-an-handwerksleistungen-darstellung-mit-hilfe-des-kano-modells

Oliver Gutheil

Kundenerwartung an Handwerksleistungen. Darstellung mit Hilfe des Kano-Modells

GRIN Verlag

GRIN - Your knowledge has value

Der GRIN Verlag publiziert seit 1998 wissenschaftliche Arbeiten von Studenten, Hochschullehrern und anderen Akademikern als eBook und gedrucktes Buch. Die Verlagswebsite www.grin.com ist die ideale Plattform zur Veröffentlichung von Hausarbeiten, Abschlussarbeiten, wissenschaftlichen Aufsätzen, Dissertationen und Fachbüchern.

Besuchen Sie uns im Internet:

http://www.grin.com/

http://www.facebook.com/grincom

http://www.twitter.com/grin_com

Facharbeit

Kundenerwartung an Handwerksleistungen
Darstellung mit Hilfe des Kano-Modells

Oliver Gutheil

Frankfurt am Main

2017

Inhaltsverzeichnis

1. Einleitung

Der Konkurrenzdruck in der Dienstleistungsbranche hat dazu geführt, dass Kundenbindung und verstärkte Aufmerksamkeit auf die individuellen Kundenwünsche in den Fokus gerückt sind. Um das Problem bei der Ermittlung der vielfältigen Erwartungen der Kunden zu lösen, wurden geeignete Modelle und Konzepte entwickelt, um kundenorientierte Produktmerkmale strukturiert zu erfassen[1]. In der vorliegenden Facharbeit habe ich mich mit dem Kano-Modell beschäftigt und der Frage, ob dieses in der Praxis anwendbar ist. Dies soll am Beispiel der Kundenerwartungen an Handwerksleistungen geklärt werden. Mittlerweile gilt das Kano-Modell als Standardanwendung der Marketingforschung als Erklärungsansatz der Kundenzufriedenheit. In der gängigen Fachliteratur wird zwischen dem Kano-Modell und der Kano-Methode differenziert.

Um den Einstieg in das Thema und die spätere Untersuchung zu erleichtern, stelle ich zunächst das Kano-Modell vor. Im nachfolgenden Kapitel bin ich der Frage nachgegangen, ob das Kano-Modell in der Anwendung als Ermittlung von Kundenerwartungen an Handwerksleistungen praktikabel ist. Hierzu grenze ich zunächst die Kundenbeziehungen hinsichtlich des Dienstleisters und des Kundenkreises ab, um dann, mit Hilfe einer Verbraucherstudien, die ermittelt haben, welche grundsätzlichen Erwartungen Kunden an Handwerksleistungen und grundsätzliche Einstellungen zu Servicequalität haben, eine Datenerhebung vorzunehmen. Diese Erhebungen werden zum Schluss mit Hilfe des Kano-Modells gruppiert und priorisiert, sodass die Anwendbarkeit in der Praxis überprüft werden kann.

---

[1] Klausegger/Scharitz, in Woratschek, Herbert: Neue Aspekte des Dienstleistungsmarketings – Konzepte für Forschung und Praxis, S. 222; Springer-Verlag, 2013

2. Das Kano-Modell

Das Kano-Modell, welches nach seinem Begründer, Professor Noriaki Kano benannt wurde, versteht sich als Modell zur Ermittlung und Kategorisierung von Produkteigenschaften um dadurch eine Priorisierung von Kundenerwartungen zu erreichen. Ziel des Modells ist die Ermittlung einzelner Merkmale im Hinblick auf eine Verstärkung von Zufriedenheit oder Unzufriedenheit des Kunden[2].

2.1. Kategorisierung der Kundenerwartungen

Bei der Befragung der möglichen Kunden wird neben funktionalen und dysfunktionalen Merkmalen auch eine Beurteilung der Eigenschaften hinsichtlich der Zufriedenheit und Wichtigkeit mit einbezogen. Die Kategorien der Produkteigenschaften werden in fünf Ebenen unterschieden:

- Basis-Merkmale,
- Leistungs-Merkmale,
- Begeisterungs-Merkmale,
- Unerhebliche Merkmale und
- Rückweisungs-Merkmale.

Bei der Auswertung der vom Kunden ermittelten Produkteigenschaften und Erwartungen des Kunden ergeben sich verschiedene Kombinationen aus funktionalen und dysfunktionalen Merkmalen.

Funktional:		Dysfunktional		Merkmal
Das setze ich voraus	+	Das würde mich sehr stören	→	Basis
Das würde mich sehr freuen	+	Das würde mich sehr stören	→	Leistung
Das würde mich sehr freuen	+	Das ist mir egal	→	Begeisterung
Das ist mir egal	+	Das ist mir egal	→	Unerheblich
Das würde mich sehr stören	+	Das setze ich voraus	→	Rückweisung

Tabelle 1: Bewertung funktionaler und dysfunktionaler Merkmale

---

[2] Klausegger/Scharitz, in Woratschek, Herbert: Neue Aspekte des Dienstleistungsmarketing – Konzepte für Forschung und Praxis, S. 223; Springer-Verlag, 2013

Die Kombinationen ergeben also eine Beurteilung des Kunden, welche Produkteigenschaften er voraussetzt und ihn sehr stören würde, wenn die Eigenschaft nicht erfüllt wird (Basis-Merkmal), welche ihn bei Erfüllen sehr freuen würde und stören, wenn es nicht erfüllt wird (Leistung-Merkmal), Produkteigenschaften deren Erfüllung den Kunden sehr freuen aber bei nichterfüllen nicht stören würde (Begeisterungs-Merkmal), Eigenschaften sowohl deren Erfüllen als auch deren Nichterfüllen egal sind (Unerhebliche Merkmale) und Produktmerkmale, deren Erfüllen den Kunden stören würde und er voraussetzt, dass diese Eigenschaften nicht erfüllt werden (Rückweisungs-Merkmale).

2.2. Vorteile und Nachteile des Kano-Modells

Aufgrund einer Kategorisierung verschiedener Produkteigenschaften und der entsprechenden Kundenerwartungen ergeben sich Chancen, bei der Produktentwicklung, den Kunden nicht nur zufrieden zu stellen, sondern seine Erwartungen zu übertreffen und damit Begeisterung zu erzeugen. Andererseits können Risiken für Unzufriedenheit besser eingeschätzt und vermieden werden, indem für den Kunden unerhebliche Eigenschaften und sogar Rückweisungen vorab beurteilt werden können.

Allerdings sollte auch bei der Anwendung des Kano-Modells berücksichtigt werden, dass sich zum einen die Kundenerwartungen hinsichtlich der Wertigkeit und damit der Kategorisierung ändern können, zum anderen die Erwartungen und Zuordnung sehr differenziert betrachtet werden muss. So kann sich die Erwartung dahingehend in den Kategorien verschieben, indem eine Technologie beispielsweise noch nicht als Standard, sondern eine zusätzliche Ausstattung entspricht. Ebenso kann für Kunden unterschiedlicher Altersgruppen die Produkteigenschaften in verschiedene Kategorien zugeordnet sein. Darüber hinaus sollte der Preis des Produktes nicht unberücksichtigt bleiben. Für eine bestimmte Produkteigenschaft würde der eine Kunde eventuell mehr bereit sein auszugeben, wie ein anderer Kunde.

3. Kundenerwartungen

Unter Kundenzufriedenheit versteht man das Ergebnis eines Vergleichs zwischen der tatsächlich wahrgenommenen Qualität einer Dienstleistung (Ist-Leistung) mit der Erwartung an diese Leistung (Soll-Leistung)[3] Demzufolge kann die Kundenerwartung als Soll-Leistung verstanden werden, also diejenige Leistung, die vertraglich mit dem Kunden vereinbart wurde.

3.1. Abgrenzung der Kundenbeziehung

Die Geschäftsbeziehung zwischen Dienstleister und Kunden sollte bei der Betrachtung berücksichtigt werden, denn es spielt eine nicht zu vernachlässigende Bedeutung, ob der Kunde ebenfalls ein Unternehmen (Business-to-Business), ein öffentlicher Auftraggeber (Business-to-Gouvernement) oder ein Endkunde (Business-to-Consumer) ist. Zum einen unterscheiden sich die Entscheidungsprozesse und zum anderen die Erwartungen des Kunden. Ein Endkunde wird erheblich mehr Wert auf Zuverlässigkeit und Ehrlichkeit legen – dagegen wird ein Unternehmen sein Augenmerk mehr auf Kosten und Transparenz lenken.

3.2. Kundenerwartungen an Handwerksleistungen

Die Deutsche Gesellschaft für Qualität e. V. hat im Jahr 2013 eine repräsentative Umfrage in Deutschland durchgeführt, in der, u. a. die für die Befragten wichtigsten Kriterien für guten Service, abgefragt wurden. Von den rund 1.000 Befragten nannten 91,9% Zuverlässigkeit als wichtigstes Qualitätskriterium für guten Service. Dabei definierten die Probanden, als zuverlässig, das „der Anbieter seine Versprechen hält und die Dienstleistung zum vereinbarten Termin erfüllt. Immerhin 89% nannten „Höchste Qualität der Dienstleister" und 87,8 „Kurze Wartezeiten und schnelle Rückmeldung" als Kriterium für guten Service. Als besonders wichtige Kriterien Bezogen auf den Servicemitarbeiter nannten

---

[3] Strauss, B.: Kundenzufriedenheit; in: Marketing – Zeitschrift für Forschung und Praxis, Heft 1, 1999, S. 5-24;

86,8%, dass sie sich „ehrliche, transparente Beratung" wünschen. Die Befragten wollen wissen, wenn ihnen eine Jeans nicht steht oder wie sich der Preis der Leistung zusammensetzt. Auf Rang zwei kam mit 84,4% „Freundlichkeit und eine positive Einstellung zum Job". Das ein guter Servicemitarbeiter dafür sorgt, dass der Kunde sich „wie ein König" fühlt, die volle Aufmerksamkeit des Mitarbeiters aufbringt und dass er auf individuelle Wünsche eingeht, erwarten fast zwei Drittel (74,3%).

4. Anwendung des Kano-Modells

Im nächsten Schritt werden die gewonnenen Daten in Beziehung zu den Merkmalen nach dem Kano-Modell gebracht und in einer Tabelle dargestellt. Der Einfachheit halber wurde darauf verzichtet, eine absolute bzw. relative Wichtigkeit der verschiedenen Anforderungen für den Kunden zu erfassen, sondern die Priorisierung aus der sich aus der Befragung ergebenden Rangfolge abgeleitet.

Kundenerwartung	Basis	Leistung	Begeisterung	Unerheblich	Rückweisung	Kategorie
Zuverlässigkeit	X					Basis
Höchste Qualität		X				Leistung
Kurze Wartezeiten und schnelle Rückmeldung			X			Begeisterung
ehrliche, transparente Beratung	X					Basis
Freundlichkeit und eine positive Einstellung zum Job		X				Leistung

Tabelle 2: Auswertung und Kategorisierung der Kundenerwartungen

Daraus lässt sich schließen, dass es für den Kunden selbstverständlich ist, dass der Handwerker zuverlässig und ehrlich ist und seine Beratung transparent erscheint. Dem Kunden wird allerdingst erst dann bewusst, wenn der Handwerker diese Erwartungen nicht erfüllt. Eine Dienstleistung, die in höchster Qualität und von einem freundlichen Kundendienstmitarbeiter ausgeführt wird, ist dem Kunden bewusst und schafft Zufriedenheit. Mit kurzen Wartezeiten und einer schnellen Rückmeldung rechnet dagegen der Kunde nicht. Dies zeichnet den Dienstleister gegenüber der Konkurrenz aus und ruft Begeisterung beim Kunden hervor.

5.   Zusammenfassung und Stellungnahme

Eine hohe Kundenzufriedenheit sollte ein zentrales Ziel jedes Unternehmens sein, denn dies führt zu Loyalität und letztendlich zum Unternehmenserfolg. Das Kano-Modell eignet sich als orientierendes Modell, welches jedoch in der individuellen Kundenbetrachtung entsprechend nur dann angewendet werden kann, wenn auch die Kundenerwartungen demzufolge individuell abgefragt und berücksichtigt wird. Das Darstellungsmodell lässt sich noch durch weitere und tiefere Befragungen erweitern, sodass auch absolute bzw. relative Wertigkeiten der Kundenanforderungen abgefragt werden. Um eine einfache Beurteilung der Kundenanforderungen vorzunehmen, ist jedoch das Kano-Modell allein bereits praktikabel und leicht an die Wünsche der eigenen Kunden anpassbar.

6.   Quellenverzeichnis

6.1. Literaturverzeichnis

- Woratschek, Herbert: Neue Aspekte des Dienstleistungsmarketing – Konzepte für Forschung und Praxis; Springer-Verlag, 2013

- Karpe/Scharf: Ermittlung relevanter Determinanten der Kundenzufriedenheit mittels Kano-Modell – dargestellt am Beispiel der Dienstleistungen von Immobilienmaklern; in: Nordhäuser Hochschultexte – Schriftenreihe Betriebswirtschaft, Fachhochschule Nordhausen, Heft 1, 2006

- Haller, Sabine: Dienstleistungsmanagement: Grundlagen – Konzepte – Instrumente; Springer-Verlag, 2015

6.2. Onlinequellen

- Seite „Kano-Modell". In: Wikipedia, Die freie Enzyklopädie. Bearbeitungsstand: 17. Juli 2017, 18:07 UTC. URL: https://de.wikipedia.org/w/index.php?title=Kano-Modell&oldid=167345259 (Abgerufen: 26. Juli 2017)

- Seite „Business-to-business". In: Wikipedia, Die freie Enzyklopädie. Bearbeitungsstand: 4. Januar 2017, 01:40 UTC. URL: https://de.wikipedia.org/w/index.php?title=Business-to-business&oldid=161251980 (Abgerufen: 26. Juli 2017)

7.   Abbildungs- und Tabellenverzeichnis
Tabelle 1 Quelle: Wikipedia
Tabelle 2 Quelle: Eigene Bearbeitung

showing this, McGahan reveals the native title debate and its legal consequences to be a result of the interplay between the many conflicting interests in society. With regard to the Native Title Act, the progressive forces appear to have triumphed over the conservatives. But the power play itself cannot be halted. And this ever ongoing struggle is not confined to the generational conflict, which has now come to a close with John's death. Ruth's semi-legalese description of the helplessly confounded situation gives a sobering impression of the broad range of special interests that are competing for Kuran Station. Be it "Mrs Griffith", "William", a "long forgotten relation", or "the state government", egoistic desire will succeed in the end. And it is apparent that native title will not be able to bring this process to a halt. Rather, it allows the victims to enter the competition: "[A]nyone from Cherbourg" will have "to lodge their claim, along with everybody else". The Native Title Act regards the Aboriginal populace as one of many claimants. It cannot pass moral judgment, and neither can it rectify past injustice.

The tenor of these aspects seems to be a pessimistic account of social progress. McGahan points us to the fact that the advancements which we seek are generally hindered by inherently human characteristics, common to all of us. Manichean models of explanation that portray progress as the groundbreaking triumph of good over evil, of one generation over another, are easily disproved. Judging by the success of the land rights movement as it is presented in *The White Earth*, social advancement is painstakingly slow, if not altogether impossible. And whatever progress has been made is certainly far from a paradigmatic change. In fact, the world, together with its people, shows a remarkable resistance to change. This is probably most obvious in John and Ruth McIvor. As a lawyer, Ruth knows the workings of the law very well. She knows that her schemes to set things right with the Aborigines at Cherbourg were a pipe dream from the start. Through the façade of her idealism, it becomes apparent that Ruth has much in common with her father. With all pretensions to morality gone, they both recognize that the world is ruled by personal accomplishments. Just as John proudly declares to William that he "had to fight [his] whole life to get it" (p. 137), Ruth now has to give in to the fact that, "[i]n this world", the "fifteen thousand acres of prime grazing country" that make up Kuran Station have "to be fought for". Suddenly the two sound remarkably alike, indeed.

Book cited:

McGahan, Andrew. *The White Earth.* New York: Soho Press, 2006.

YOUR KNOWLEDGE HAS VALUE

YOUR KNOWLEDGE HAS VALUE

- We will publish your bachelor's and
  master's thesis, essays and papers

- Your own eBook and book -
  sold worldwide in all relevant shops

- Earn money with each sale

Upload your text at www.GRIN.com
and publish for free

Bibliographic information published by the German National Library:

The German National Library lists this publication in the National Bibliography;
detailed bibliographic data are available on the Internet at http://dnb.dnb.de .

Imprint:

Copyright © 2016 GRIN Verlag, Open Publishing GmbH
Print and binding: Books on Demand GmbH, Norderstedt Germany
ISBN: 9783668513716

This book at GRIN:

http://www.grin.com/en/e-book/371405/a-character-analysis-of-john-mcivor-in-
andrew-mcgahan-s-the-white-earth